Dagmar Ahrens

Geldgeschenke mit Witz und Fantasie

FÜNF DEUTSC E MARK

Dagmar Ahrens

Geldgeschenke
mit Witz und Fantasie

...aus Materialien, die jeder zu Hause hat

Augustus Verlag

Inhalt

Vorwort

Liebe Leserin, lieber Leser,

Geldgeschenke stehen in dem Ruf, unpersönlich, langweilig und einfallslos zu sein – ganz zu Unrecht, wie dieses Buch Ihnen beweisen wird. Sie stellen vielmehr die Möglichkeit dar, auf diplomatische Weise überflüssige oder vollkommen danebengegangene Geschenke zu vermeiden, so daß die Beschenkten sich durch Ihr Geldgeschenk selbst einen echten Herzenswunsch erfüllen können.

Anlässe gibt es genug: Ostern und Weihnachten, Geburtstage und Hochzeiten. Darüber hinaus sind weitere Gelegenheiten denkbar, bei denen ein Geldgeschenk kleine Wunder vollbringen kann: ein anstehender Umzug, eine Geschäftseröffnung oder auch nur eine finanzielle Durststrecke.

Dabei ist es wichtig, die Art der Präsentation ganz auf eine bestimmte Person und Situation abzustimmen. Dazu liefert Ihnen dieses Buch zahlreiche Gestaltungskonzepte, die sich jeweils individuell abwandeln lassen.

Es kommt nicht so sehr auf handwerkliche Perfektion oder genaues Nacharbeiten der in diesem Buch vorgeschlagenen Grundideen an. Viel wichtiger ist es, sich in die betreffende Person hineinzuversetzen und einen neutralen Geldbetrag in eine liebevolle, situationsbezogene, augenzwinkernde, spaßige oder nachdenkliche Geschichte zum universellen Thema Finanzen zu verwandeln.
Was Sie allerdings als „Treibstoff" für maßgeschneiderte, effektvolle Geldgeschenke einsetzen sollten, ist Ihre Lust am Experimentieren und Ihre Fantasie.

Kreative Überraschungen beim Gestalten von witzigen Geschenken zum Thema Geld wünscht Ihnen

Dagmar Ahrens

Was Sie benötigen

Diese Ideensammlung soll Sie dazu anregen, aus einfachen Grundkonzepten maßgeschneiderte Geldgeschenke selbst zu gestalten. Die „wertvollen" Zutaten – Geldscheine, Münzen oder ein Scheck – sollten auch entsprechend behutsam verarbeitet werden. Schecks sind in einem Kuvert gut aufgehoben, sie sollten nicht unnötig geknickt werden. Geldmünzen sind nicht sonderlich empfindlich und können, wie in diesem Buch vorgeschlagen, ruhig einmal im Sand vergraben, in eine Badewanne geschichtet oder im Wasser versenkt werden. Geldscheine können gefaltet, gerollt oder eingerahmt werden, jedoch ohne sie zu beschädigen. Wenn sie an einem Geschenk befestigt werden sollen, ist es empfehlenswert, sie mit wenig Kreppband vorsichtig zu fixieren.

Weiteres Material müssen Sie kaum neu kaufen. Sie können auf Alltägliches zurückgreifen. Wenn Sie in Kästen und Truhen kramen, werden Sie auf verblüffende und überraschende Fundstücke stoßen. Diese eignen sich hervorragend dazu, interessante Geschichten zum Thema Geld zu inszenieren.

So werden Ihnen Wasserhähne und Lockenwickler, Vogelkäfige und Topfkratzer, Badewannen und Backbleche nach dem Durcharbeiten dieses Buches in einem völlig neuen Licht erscheinen. In Kombination mit Folien, Tonpapier, Sternchen, Glitzer und Glimmer, Goldtalern, Seidenquasten und Schleifen erhalten diese Alltagsgegenstände den Glanz, der Geldgeschenken so gut steht. Mixen Sie diese Zutaten noch mit Fundstücken aus der Natur wie Muscheln und Federn, Rinde und Kieselsteinen, Blüten und Blättern, die Sie aus dem Urlaub oder von einem Spaziergang mitgebracht haben. Dann werden Sie feststellen, daß Ihnen mit Ihrem Materialfundus und den persönlichen Geschichten zum Thema Finanzen unverwechselbare Überraschungen gelingen.

Womit Sie arbeiten

Um die in diesem Buch vorgestellten Geschenkideen selbst herzustellen, brauchen Sie kein aufwendiges oder teures Spezialwerkzeug. Die meisten Werkzeuge oder Hilfsmittel sind wahrscheinlich in Ihrem Haushalt vorhanden. Zum Schneiden verwenden Sie eine Allzweckschere oder ein Bastelmesser (Cutter). Zum Zusammenheften und Befestigen benötigen Sie Nähnadel und Faden. Empfehlenswert ist außerdem die Anschaffung von dünnem Bindedraht aus Kupfer oder Messing (0,3 bis höchstens 0,5 mm stark). Abtrennen können Sie den Draht mit einem Seitenschneider. Weiter notwendig sind Hammer, Nägel, Schrauben und Muttern, Schraubenzieher und Schleifpapier. Zum Kleben brauchen Sie Kreppband, doppelseitiges Klebeband und Alleskleber. Die farbigen Akzente setzen Sie mit Malfarben (Dispersions- oder Plakafarbe) und Pinsel, Filzstiften oder Farbstiften.

Ordentlich Kies

Eine Überraschungslandschaft für alle, die geordnete Geldverhältnisse schätzen

> *Das wird gebraucht*
>
> *Backform*
> *Kies*
> *Gartenzwerg*
> *Spielzeugschubkarre*
> *Geldscheine oder Münzen*

Die Bühne für dieses Szenario kann eine alte Backform sein, aber auch eine ausrangierte Schublade, ein Bilderrahmen oder ein Tablett sind dafür geeignet. Füllen Sie den Boden mit dem Kies und setzen Sie den Gartenzwerg an einen strategisch günstigen Punkt, denn er muß ja das Ganze ordentlich im Blick behalten. Vertrauen Sie ihm eine Spielzeugschubkarre mit dem Geldgeschenk an.

Knete

Ein Geldgeschenk für Menschen, die Schwein haben sollen

Das wird gebraucht

rosa Knetmasse
Schleifenband
Feder
Glückspfennig
Geldschein

Aus der rosa Knetmasse formen Sie ein Schwein, das ruhig grob modelliert sein darf. In den Rücken schneiden Sie einen Schlitz, in den der Geldschein eingesteckt wird. Dekorieren Sie das Glücksschwein mit einem neuen Pfennigstück und mit Schleifen, Federn oder anderen Dingen.

Moos

Geldlandschaft für nachwachsende Ressourcen

Das wird gebraucht

Wurzel
Baumrinde
Moos
Gräser
Federn
dünner Bindedraht
Geldschein

Aus den in der Natur gefundenen Objekten stellen Sie ein Stilleben her, indem Sie die Zutaten mit dünnem Bindedraht an der Wurzel befestigen. Dabei sollte wegen des inhaltlichen Bezugs das Moos gut sichtbar sein. Zum Schluß garnieren Sie das Objekt mit „Moos“ der anderen Sorte, also mit Geldscheinen.

Kröten

Sagenhafte Spardose für diejenigen, die eine Schatzwächterin brauchen

Das wird gebraucht

Einweckglas
Kröte aus Plastik
Blumen, Gräser, Schleifen usw.
Geldschein oder Münzen

Der „Schatz" kommt ins Einweckglas, und die Kröte wird zur Sicherheit darauf gesetzt. Umranken Sie dieses Stilleben nach Belieben mit Blüten, Blättern, Gräsern oder Federn.

Mäuse

Das spezielle Geschenk für Tierfreunde

Das wird gebraucht

Mausefalle
sechs weiße Mäuse aus Schaummasse
Glasmurmeln
Münzen

Verwahren Sie die Münzen sicher in der Mausefalle, und lassen Sie das Geldgeschenk von den weißen Mäusen bewachen.
Ganz stilsicher könnten Sie dieses Arrangement zusätzlich auf einem Mauspad präsentieren und an einen Computer-Freund verschenken.

Zum Piepen

Frühlingshaftes Szenario für Naturkinder

> **Das wird gebraucht**
>
> *Gemüsekiste*
> *Steine, Sand, Fundstücke aus der Natur*
> *gelbe Osterküken*
> *Geldscheine oder Scheck*

Arrangieren Sie die Fundstücke aus der Natur in der Gemüsekiste als kleine Landschaft, in der auch die Osterküken plaziert werden. Die „Piepen", also die Geldscheine, werden dazwischen gesteckt.

Blüten

Eine nette Aufmerksamkeit für alle, denen Sie es durch die Blume sagen wollen

Falten Sie aus dem Tonpapier nach dem beiliegenden Schema eine Origami-Blüte. Jeder Blütenkelch erhält einen Pfeifenputzer als Stiel. Mit ihm befestigen Sie jeweils einen ziehharmonikaförmig gefalteten Geldschein in der Mitte des Blütenkelches.

Das wird gebraucht
farbiges Tonpapier
grüne Pfeifenputzer
Geldscheine

Faltschema für die Blütenkelche

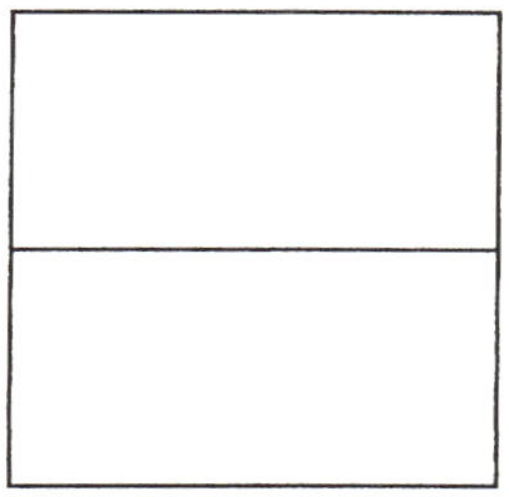

1. Kante auf gegenüberliegende Kante falten, aufklappen

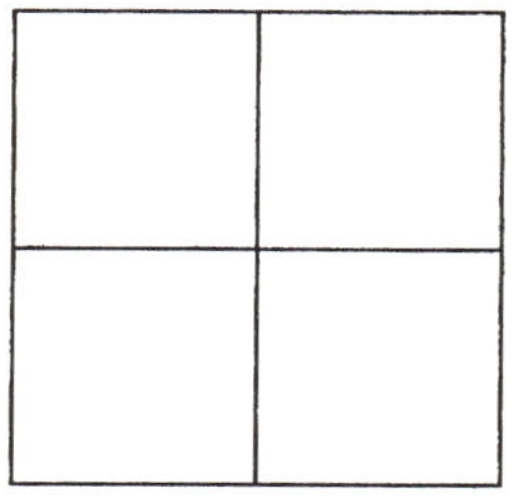

2. Um 90° drehen, Kante auf gegenüberliegende Kante falten, aufklappen

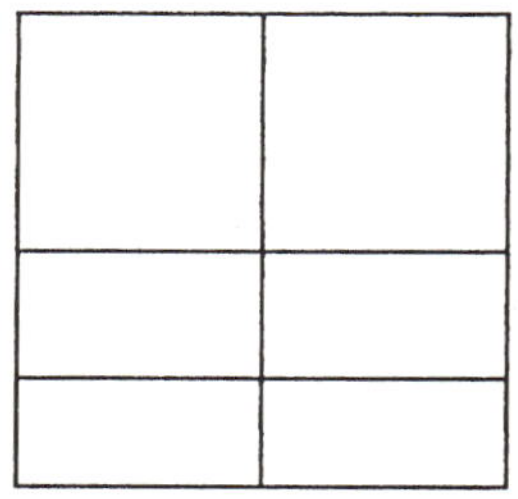

3. Kante zur Mitte falten, aufklappen

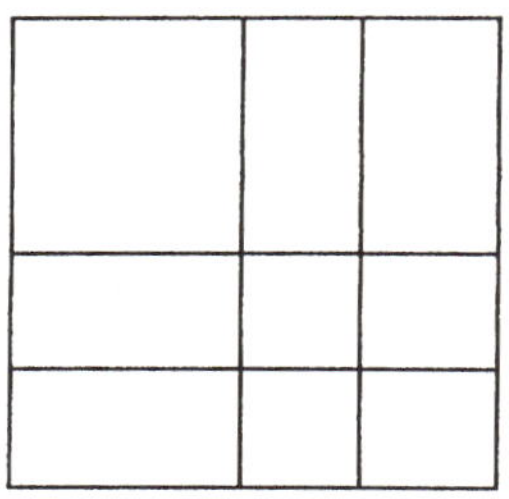

4. Um 90° drehen, Kante zur Mitte falten, aufklappen

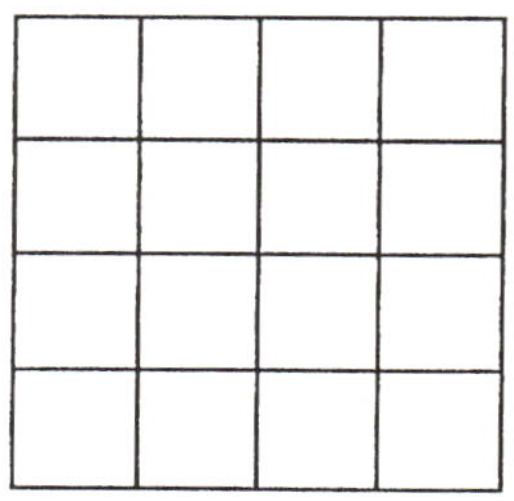

5. Alle Seitenkanten zur Mitte falten, bis dieses Muster entsteht

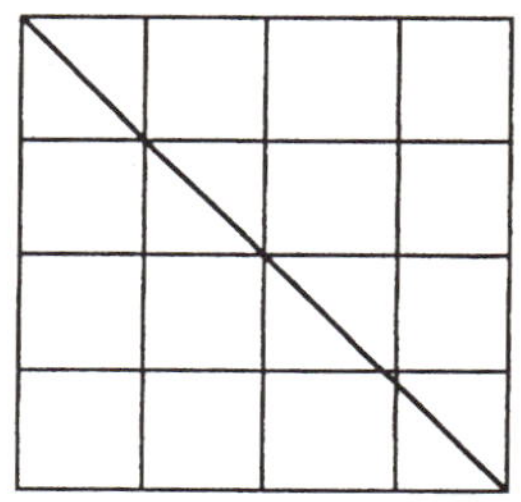

6. Ecke auf gegenüberliegende Ecke falten, aufklappen

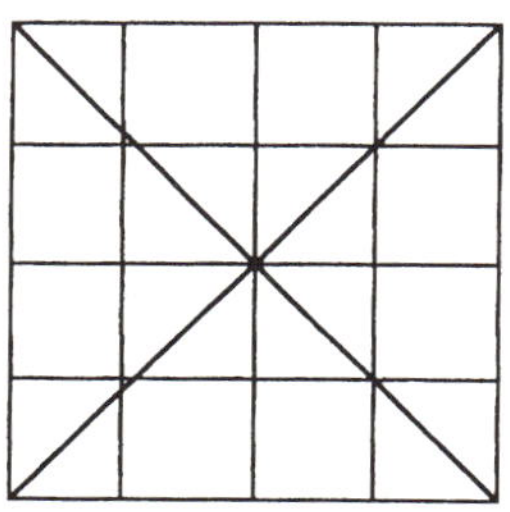

7. Um 90° drehen, Ecke auf gegenüberliegende Ecke falten, aufklappen

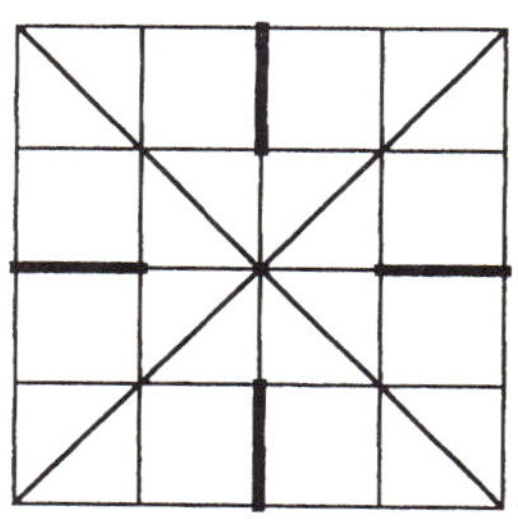

8. Entlang der dicken Linien einschneiden

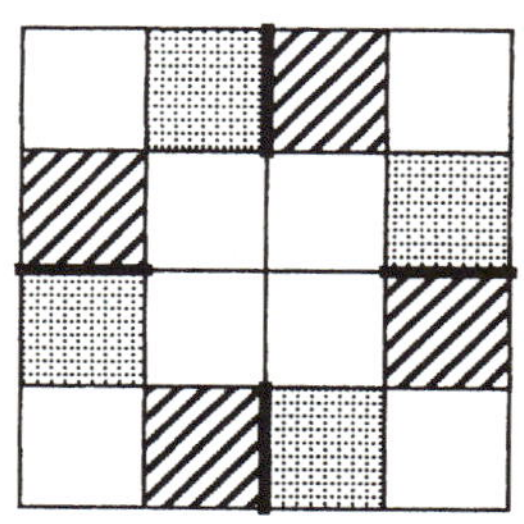

9. Gestreifte Flächen mit Klebstoff einstreichen, jeweils das linke Nachbarfeld darüberlegen, fest andrükken und Klebstoff trocknen lassen

Fliegende Flöhe

Nützliche Tiere am Monatsende

Das wird gebraucht

Lockenwickler
Pfeifenputzer
transparenter Faden
Geldschein

Beine und Fühler dieser Insekten bestehen aus Pfeifenputzern. Diese werden mit einem Seitenschneider auf die gewünschte Länge gebracht und dann einfach durch den Lockenwickler gesteckt. Den gefalteten Geldschein befestigen Sie am Gummizug des Lockenwicklers. Knüpfen Sie die Flöhe an einen transparenten Faden und überreichen Sie sie schwebend.

Geld wie Heu

Ein Vergnügen für alle, die einmal richtig ins Volle greifen wollen

Das wird gebraucht
Spielzeugwagen zum Ziehen
getrocknetes Gras
Geldscheine oder Münzen

Häufen Sie das Heu auf den Wagen und verstecken Sie Ihr Geldgeschenk dazwischen. Wenn ein Spielzeugwagen schwer zu beschaffen ist, können Sie auch eine schöne Pappschachtel oder eine Keksdose mit Heu füllen, um den Beschenkten ins Volle greifen zu lassen.

Geldhahn

Das passende Geldgeschenk für alle, die zur Zeit nicht flüssig sind

Das wird gebraucht

kleiner Blecheimer
Wasserhahn
Wasserrohr
Winkelstück
Gips oder schnell trocknende Modelliermasse
Münzen
Zwirnsfaden
Efeuranke
Kieselsteine

Schrauben Sie den Wasserhahn, das Winkelstück und das Wasserrohr zusammen. Füllen Sie in den Blecheimer den in Wasser gelösten Gips oder die Modelliermasse, um die Wasserhahnkonstruktion zu fixieren. Kleben Sie jeweils zwei Münzen und einen Zwirnsfaden mit doppelseitigem Klebeband zusammen. Die Münzen werden so arrangiert, daß sie an unterschiedlich langen Fäden hängen. Knoten Sie die Fäden oben zusammen. Der Knoten wird in die Öffnung des Wasserhahns geklebt. Ranken Sie einen Efeuzweig oder ähnliches um den Geldhahn. Die Oberfläche der Gipsmasse decken Sie mit einigen Kieselsteinen ab.

Geldbeutel

Die schnelle Verpackung für Wertvolles

Das wird gebraucht

Stoff, Leder, Tüll usw. für den Beutel
Paketschnur, Lederriemen, Wollfaden usw., etwa 1,5 m lang, zum Verschnüren
schmückende Accessoires wie Federn, Muscheln, Steine, Backförmchen, Sicherheitsnadeln, Bonbons, Christbaumkugeln, Knöpfe
Nähnadel oder Ledernähnadel und Faden
Geldscheine oder Münzen

Auf diese Weise können Sie Geldscheine oder auch mehrere Münzen verpacken. Je nach Anlaß sind verschiedene Materialkombinationen möglich.

Spitzendeckchen

Breiten Sie das Deckchen vor sich aus und knoten Sie die Kordel dicht unter dem Außenrand fest. Das kurze Ende sollte etwa 20 cm lang sein, das lange Ende fädeln Sie am Rand entlang durch die Löcher des Deckchens hindurch. Wenn Sie wieder auf den Anfang treffen, knoten Sie verschiedene schmückende Beigaben an der Kordel fest. Nun können Sie das Spitzendeckchen wie einen Beutel zuziehen. Schlingen Sie die Kordel mit den angeknoteten Fundstücken locker um den Beutel, in den Sie Ihr Geldgeschenk gelegt haben.

Spitzendeckchen mit Goldtalern

Bei dieser Variante weisen Sie schon durch die Verwendung von goldumhüllten Schokoladetalern auf den Wert des Geschenkes hin. Schlagen Sie mit einem Nagel jeweils ein Loch in die Goldtaler und fädeln Sie sie auf die Kordel auf, die Sie dann locker um den Beutel schlingen.

Pelzig

Für diese Verpackung brauchen Sie einen Pelzrest, der etwa 10 x 30 cm

groß ist. Schneiden Sie den Pelzrest exakt rechteckig und klappen Sie beide Hälften mit der Pelzseite nach innen aufeinander.
Nähen Sie jetzt die Längskanten grob mit einer Ledernähnadel zusammen. Dann stülpen Sie den Sack um, legen das Geschenk hinein und umschlingen den Sack mit der Kordel, an die Sie verschiedene Fundstücke geknotet haben.

Leder

Hier empfiehlt sich ein weiches Leder wie Velours- oder Fensterleder. Wählen Sie ein quadratisches Stück von etwa 30 cm Kantenlänge. Geben Sie das Geldgeschenk und die anderen Zutaten in die Mitte des Leders. Dann schnüren Sie den Beutel mit einer Kordel zusammen, an die Sie vorher schon die Dekoration geknüpft haben.

Sackleinen

Aus grobem Sackleinen wird ein kleiner Sack genäht. Sie können das Material ruhig mit groben Stichen und von Hand nähen. Die Schnur mit schmückenden Accessoires wickeln Sie lässig um den Sack.

Tüll

Auch aus Tüll lassen sich überraschende Verpackungen für Geldgeschenke zaubern. So können Sie zum Beispiel das Geld in Lavendelblüten versenken und in farblich passendem Tüll verpacken. In ein quadratisches Stück Tüll legen Sie Blüten und das eingepackte Geldgeschenk. Dann binden Sie den Tüll mit einer Kordel und schmückenden Accessoires zusammen.

Geldgürtel

Die Belohnung für alle, die ihr Geld zusammenhalten wollen

Verpackungen nach diesem Muster können je nach Anlaß aus verschiedenen Materialien hergestellt werden. Hier drei Vorschläge dazu:

Bunte Bonbons

Das wird gebraucht

bunter Tüll, etwa 30 cm breit und 150 cm lang
Bonbons
verschiedenfarbige Pfeifenputzer
Münzen

Wickeln Sie Münzen und Bonbons abwechselnd in den Tüll ein und binden Sie die Zwischenräume jeweils mit Pfeifenputzern ab.

Schneeweißchen

Das wird gebraucht

weißes Chiffontuch oder weißer Tüll
weiße Blüten
weiße Federn
Münzen

Knoten Sie die Münzen einzeln in das Tuch ein und dekorieren Sie das Arrangement mit Blüten und Federn, die Sie in die Knoten stecken.

Goldtaler

Das wird gebraucht

Quastenkordel
Goldtaler
goldenes Schleifenband
Geschenkband
Glöckchen
Münzen

Wickeln Sie die Goldmünzen und die echten Münzen in das Schleifenband ein und knoten Sie es mit Geschenkband an der Quastenkordel fest. Die einzelnen Knoten dekorieren Sie jeweils mit einem Glöckchen.

Geldwäsche

Der rote Faden durch den komplizierten Finanzdschungel

Das wird gebraucht

Pappschachtel
rote Schnur
Spielzeugwäscheklammern
blaue und weiße Farbe
(z. B. Plakafarbe)
Pinsel
Ostergras
Geldscheine

Für dieses Szenario brauchen Sie eine nicht zu tiefe Pappschachtel; der Boden sollte etwa DIN-A4-Format haben. Die Innenseite bemalen Sie mit blauer Farbe. Wenn sie getrocknet ist, tupfen Sie mit weißer Farbe kleine Wolken in den blauen Himmel. Durchbohren Sie dann die Außenseiten des Pappkartons im oberen Drittel mit einem Schraubenzieher und fädeln Sie die rote Schnur hindurch. Verknoten Sie den Faden auf beiden Seiten und klammern Sie die säuberlich gefalteten Geldscheine an die Wäscheleine. Darunter dekorieren Sie das Gras und, falls vorhanden, noch ein Körbchen mit weiteren gefalteten Scheinen.

Geldfächer

Eine Erfrischung für manche, die es heiß mögen

Das wird gebraucht

mehrere gleich große Geldscheine
große Büroklammer
Holzkugeln, Luftballons,
Federn, Geschenkband,
Pappkärtchen

Fügen Sie die Geldscheine fächerartig zusammen. Wenn Sie mit dem Arrangement zufrieden sind, fixieren Sie den Fächer mit der großen Büroklammer. An die Klammer knoten Sie das Geschenkband mit den aufgefädelten Holzkugeln und den Luftballons, die Sie locker mit dem Band umwickeln. Unter die Büroklammer können Sie jetzt noch das Kärtchen mit einer persönlichen Widmung und die Federn schieben.

> *Das wird gebraucht*
>
> *Parfümzerstäuber*
> *Geldschein*

Geld stinkt nicht

Eine Offenbarung für alle, die den Duft des Geldes schnuppern wollen

Ein schöner alter Parfümzerstäuber mit Gummiball oder Quaste bildet den Rahmen für dieses wörtlich genommen Zitat. Schrauben Sie den Zerstäuber ab und rollen Sie den Geldschein zu einem sehr dünnen Röllchen, welches Sie gut sichtbar in dem Glaskörper plazieren.

Geld schaufeln

Eine einzigartige Gelegenheit zum Umgang mit Kleingeld

Das wird gebraucht

Schublade
Spielzeugschaufel aus dem Kaufmannsladen
Quaste
Münzen

Häufen Sie die Münzen in die Schublade und legen Sie gleich die Schaufel mit der Quaste bei. Dieses Kleingeld-Erlebnis können Sie ebenso in einer Keksdose oder Zigarrenkiste anrichten.

Taschengeld

Ein lässiges Präsent für hemdsärmelige Unternehmungen

Das wird gebraucht

alte Bluse oder altes Hemd, möglichst aus hellem Stoff
Kleiderbügel aus Draht
Gips
Plastikschüssel, etwa 40 x 40 cm
Geldschein

Diese Präsentation eines Geldgeschenks ist sehr effektvoll, allerdings auch etwas aufwendiger herzustellen. Sie sollten darauf achten, daß bei der Arbeit Ihr Fußboden geschützt ist. Rühren Sie den Gips in einer Schüssel mit Wasser an, so daß er dickflüssig ist, und tauchen Sie Bluse oder Hemd hinein. Wenn der Stoff sich vollgesogen hat, hängen Sie das Kleidungsstück auf den Kleiderbügel. Arrangieren Sie einen malerischen Faltenwurf und achten Sie darauf, daß die Brusttasche nicht zuklebt, denn sie nimmt später, nachdem das Objekt getrocknet ist, den Geldschein auf.

Zeit ist Geld

Wertvoller Zeitmesser für finanzbewußte Persönlichkeiten

Das wird gebraucht

Uhrwerk aus dem Bastelgeschäft
Uhrzeiger
alte Schallplatte
Geldschein

Montieren Sie das Uhrwerk an die Schallplatte, wobei Sie das vorhandene Loch bei Bedarf mit Schleifpapier, das Sie um die Spitze eines Bleistifts wickeln, vergrößern können. Setzen Sie die Zeiger gemäß der Anleitung auf die Mittelachse. Aus dem Geldschein falten Sie einen Papierflieger. Diesen kleben Sie vorsichtig mit einem kleinen Stück doppelseitigem Klebeband auf den Sekundenzeiger. Nach Einsetzen der Batterie dreht sich der Geldschein im Sekundentakt.

Goldtopf

Eine Aufmunterung für diejenigen, die bis zum Ende des Regenbogens laufen

Das wird gebraucht

alte Schublade
weißes Papier
Buntstifte
kleiner Kochtopf aus der Puppenküche
Goldfarbe
Federn, Stoffstern und Tüll
Geldschein, Münzgeld oder echte Goldmünzen

Messen Sie die Innenseite der Schublade aus und zeichnen Sie auf ein entsprechend großes Papier mit Buntstiften einen Regenbogen. Schneiden Sie diesen aus und kleben Sie ihn in die Schublade hinein. Dekorieren Sie Federn, Stern und Tüll an den Schubladengriff. Den Topf aus der Puppenküche lackieren Sie golden. Er wird mit Geld oder, noch stimmiger, mit echten Goldmünzen gefüllt und wartet am Fuße des Regenbogens auf die Finderin oder den Finder.

Goldene Nüsse

Die Herausforderung für alle, die es lieben, Rätsel zu knacken

Das wird gebraucht

Körbchen
Samt
Füllmaterial
vier Quasten
Walnüsse
Goldfarbe
Geldscheine oder kleinere Münzen

Der Reiz dieses Geschenkes liegt im Verborgenen: In einigen dieser goldenen Nüsse befinden sich Münzen oder Geldscheine, die beim Knacken zutage treten.

Füllen Sie eine Walnußhälfte mit einem klein zusammengefalteten Geldschein oder mit Münzen und kleben Sie eine passende Hälfte darauf. Nachdem der Klebstoff getrocknet ist, lackieren Sie die Nüsse (und natürlich auch ein paar nicht mit Geld gefüllte zur Tarnung) mit Goldlack. Aus dem Samt nähen Sie ein Kissen, das zu dem Körbchen paßt. Die Kissenhülle wird mit Watte oder Stoffresten gefüllt und an den Ecken mit Quasten verziert. Legen Sie nun die Goldnüsse auf das Kissen und überreichen das Präsent.

Goldenes Ei

Geschenkkorb mit finanzieller Sprengkraft

Das wird gebraucht

Körbchen
Ostergras
Plastikei
Goldfarbe
Geldschein

Zerschneiden Sie das Plastikei vorsichtig mit einem Cutter und achten Sie darauf, daß die Schnittlinie zickzackförmig verläuft. Vergolden Sie die beiden Eihälften. Wenn die Farbe getrocknet ist, füllen Sie das Ei mit klein gefalteten Geldscheinen und legen Sie es in ein Nest aus Gras in den Korb.

Goldener Käfig

Ein glanzvolles Geschenk für Luxusgeschöpfe

Das wird gebraucht

Vogelbauer, Hamster- oder Grillenkäfig
Sternchen, Federn und andere Accessoires zum Dekorieren
Goldfarbe
Geldschein oder Scheck

Für diese glanzvolle Verpackung sollten Sie auf die Suche nach einem gebrauchten Käfig gehen, da neue Käfige sehr teuer sind. Haben Sie ein passendes Objekt gefunden, wird es nach einer gründlichen Reinigung golden lackiert. Danach können Sie Ihr Geldgeschenk, garniert mit luxuriösen Dekorationen, in den goldenen Käfig legen und die Türe schließen.

Goldene Nase

Glänzende Anerkennung für echten Einsatz

Das wird gebraucht

Variante mit Hut
kleiner Strohhut
Fransenband
leere Konservendose
Wellpappe
Faschingsnase zum Umbinden
Goldfarbe
Geldscheine

Variante mit Ananas
Ananas
Faschingsbrille mit Nase
Goldfarbe
Geldschein

Die Wellpappe sollte der Höhe der Konservendose entsprechen. Augen- und Mundschlitze schneiden Sie am besten mit einem Cutter aus der Wellpappe aus. Sie werden mit Geldscheinen hinterklebt, die Sie vorsichtig mit ein wenig Kreppband befestigen. Legen Sie dann die Wellpappe um die Konservendose und fixieren Sie sie mit doppelseitigem Klebeband. Um den oberen Rand kleben Sie das Fransenband. Nun binden Sie die bereits vergoldete Faschingsnase um die Dose. Zum Schluß krönen Sie das Ganze mit dem Hut.

Eine Abwandlung dieser Idee: Vergolden Sie die Nasenspitze einer Faschingsbrille und stecken Sie die zusammengerollten Geldscheine in die Nasenlöcher. Das Ganze setzen Sie einer Ananas aufs „Gesicht".

N DEUTSCHE MARK
5

Schatz-truhe

Die Fundgrube für romantische Entdeckernaturen

Das wird gebraucht

Holzkiste, z. B. Zigarrenkiste
Fundstücke aus dem Meer, z. B. Muscheln, Seesterne, Steine
Sand (Vogelsand)
Alleskleber
Münzen, Geldschein oder Scheck

Bestreichen Sie die Holzkiste mit Alleskleber und kleben Sie die Fundstücke auf. In die Zwischenräume streuen Sie den Sand. Dieser haftet auf dem Klebstoff hervorragend. Wenn der Klebstoff getrocknet ist, können Sie Ihr Geldgeschenk in die Schatztruhe legen.

Versenkte Schätze

Optimal bewachtes Guthaben für Lieblingswünsche

Das wird gebraucht

Einweckglas
Accessoires zu verschiedenen Themen
Münzen

Arrangieren Sie auf dem Boden des Einweckglases ein zum Anlaß passendes Stilleben. Zum Thema Geldverwaltung können Sie einen Sheriffstern mit verschiedenen Plastikfiguren (Bankräuber, Schatztruhe usw.) kombinieren. Als Hochzeitsgeschenk können Sie ein Paar Handschellen und einige Maiglöckchen „einwecken" und das Glas noch mit Tüll, Federn und zwei weißen Tauben schmücken. Das Thema Urlaub können Sie mit einer Palme, üppigen Blumen und einem verspielten Plastikdelphin inszenieren.

Wichtig ist, daß alle Accessoires wasserbeständig sind und auf dem Boden des Glases aufgeklebt werden. Garnieren Sie das Stilleben mit echten Münzen. Bevor Sie das Geschenk überreichen, füllen Sie Wasser in das Glas und schließen es mit der Gummidichtung im Deckel fest zu.

Auf Schatzsuche

Ein tiefschürfendes Erlebnis für Neugierige und Hobbyarchäologen

Das wird gebraucht

Aquarium oder großer Glasbehälter
eingefärbte Sägespäne
Torf
Kiesel
Sand
Isländisch Moos oder Blätter
Spielzeugspaten
Münzen

Füllen Sie die verschiedenen Materialien in einzelnen Schichten in den Glasbehälter und verstecken Sie die Münzen dazwischen. Den Spaten stecken Sie schon in den Boden – als Aufforderung zur Schatzsuche.

Schwimmen in Geld

Das Geschenk für alle, die mal wieder auf dem Trockenen sitzen

Das wird gebraucht

Puppenbadewanne oder kleine Waschschüssel
Gold- oder Silberfarbe
Entchen oder Goldfisch aus Plastik
viele unterschiedliche Münzen

Die kleine Badewanne oder Waschschüssel lackieren Sie golden oder silbern. Füllen Sie sie mit Münzen Ihrer Wahl. Dabei können natürlich auch ein paar Schokoladetaler oder ausländische Münzen mit „einfließen". Schließlich geht es um das einzigartige „Dagobert-Duck-Schwimmgefühl"!

Flaschenpost

Eine Entdeckung für alle, die Geheimbotschaften verstehen

Das wird gebraucht

Glasflasche
Sand
Schnur
Siegellack
Faden
Fundstücke aus der Natur, z. B. Muscheln, Federn, Steine, Nüsse, Blätter
Geldschein

Füllen Sie Sand, Steine oder andere Dinge in die Flasche. Rollen Sie den Geldschein zusammen und umwickeln ihn mit dem Faden. Den Geldschein stecken Sie in die Flasche, das lange Ende des Fadens hängt aus der Flasche heraus. Wickeln Sie den Faden um den Flaschenhals und umschlingen Sie ihn nochmals mit einer Schnur, die Sie auch noch effektvoll mehrfach verknoten können. Das Ende der Schnur befestigen Sie mit Siegellack. Der Beschenkte kann sich nun das Geldgeschenk vorsichtig aus der Flaschenpost angeln.

Starthilfe

Die wörtlich genommene Geldspritze für den Neuanfang

Für diese einfache, aber sehr überzeugende Geschenkidee nehmen Sie eine Plastikspritze (ohne Nadel), die nicht zu klein sein sollte. Lackieren Sie den Kolben mit Goldfarbe und rollen Sie einen dem Anlaß entsprechenden Geldschein um den Schaft. Dann führen Sie den Kolben in die Spritze ein.

Das wird gebraucht

Plastikspritze, z. B. aus der Apotheke
Goldfarbe
Geldschein

Aller Anfang ist teuer

Ein Silberbeutel für alle, die einsteigen, zusteigen oder umsteigen

> **Das wird gebraucht**
>
> *silberner Topfkratzer*
> *dünner Metalldraht*
> *silberne Alltagsfundstücke, z. B. Schlüssel, Backförmchen, Fingerhüte, Schrauben, Sterne*

Entrollen Sie den Topfkratzer, so daß ein Sack entsteht. In diesen legen Sie das Geldgeschenk, das durch die silbrigen Maschen des Sackes noch durchschimmert. Verschnüren Sie den Silbersack mit dem Metalldraht und benutzen Sie den Draht auch, um zum Anlaß passende Dekorationen an das Geschenk zu knüpfen. So können Schlüssel auf einen bevorstehenden Umzug hinweisen, Lockenwickler für die Eröffnung eines Friseursalons stehen – Ihrer Fantasie sind hier keine Grenzen gesetzt.

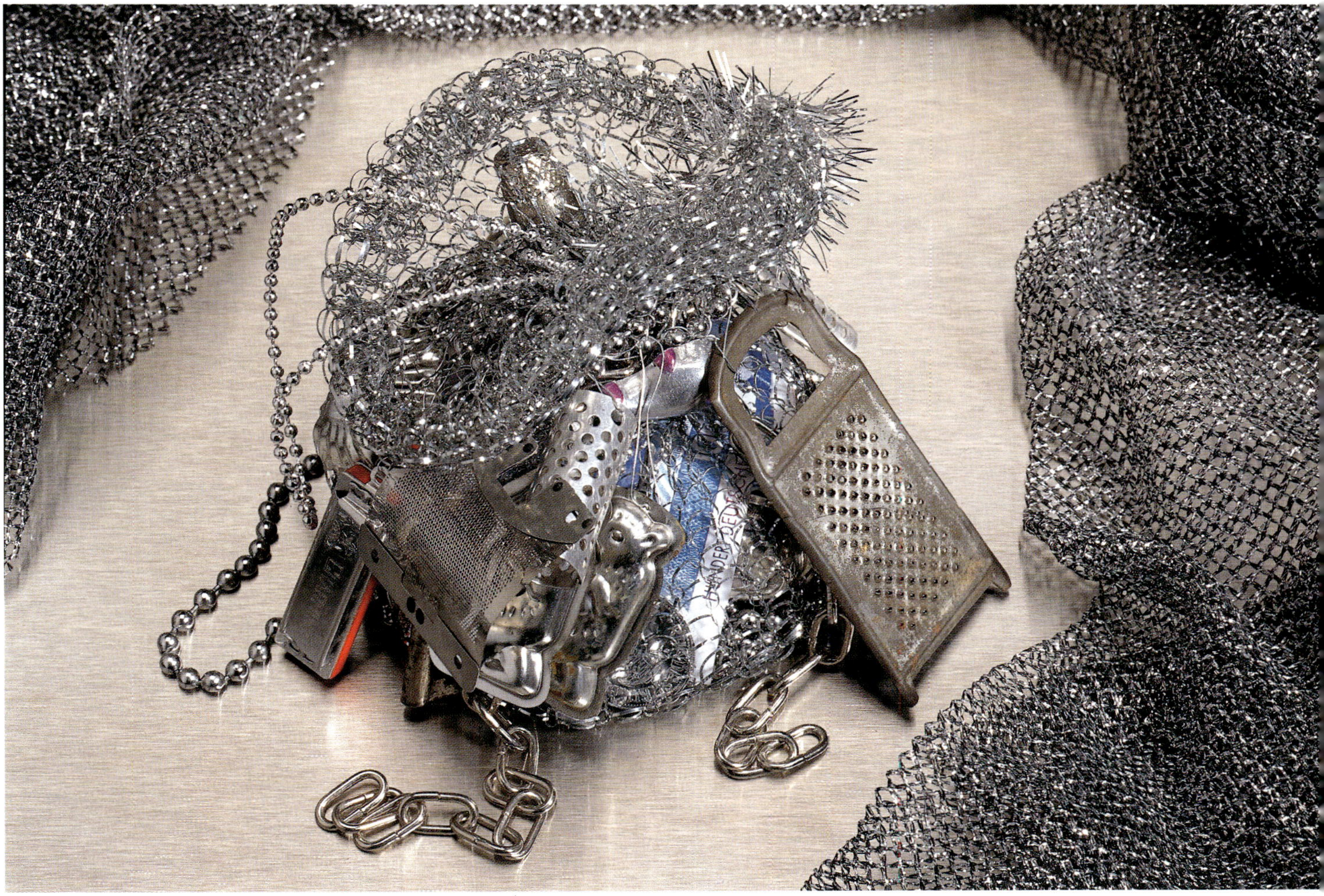

Trans-parenz

Eine durchsichtige Gabe für klarsichtige Menschen

Das wird gebraucht

Klarsichthülle
Kordel oder Band
schmückende Kleinigkeiten wie Kinokarten, Albumbilder, Federn, Blätter, Diarähmchen, Garnrollen usw.
Geldschein

Schneiden Sie aus der Klarsichthülle ein längliches Rechteck heraus, das etwas größer als der Geldschein ist. Legen Sie den Geldschein, die zum Anlaß passende Dekoration und die Kordel in die Klarsichthülle ein. Dann nähen Sie die Kanten der Klarsichthülle langsam mit der Nähmaschine mit Zickzackstichen zusammen. Besonders effektvoll ist es, wenn Sie dieses Geldgeschenk lässig als Lesezeichen in ein Buch (z. B. über Finanzen) einlegen.

ein Essen
in einem

Geldadel

Die tragbare Fliege für Finanzbewußte

Das wird gebraucht

Teddybär oder anderes liebenswertes Haustier
Geldschein
dünner Metalldraht
Band
Troddel, Perlen, Federn usw. zum Dekorieren

Falten Sie den zum Anlaß passenden Geldschein mit akkurater Längsfalte, so daß eine Ziehharmonika entsteht. Schnüren Sie diese in der Mitte vorsichtig mit dem Metalldraht zusammen. Mit dem überstehenden Drahtende befestigen Sie die Schleife am Band. Dieses legen Sie dem Teddy um den Hals.

Finanzperspektive

Ein Blick in die Zukunft mit einem Hauch Optimismus

Das wird gebraucht

farbige Wellpappe
Albumbild
Geschenkband oder Spitze
Spitzendeckchen aus Papier
Geldscheine

Schneiden Sie die Wellpappe zu einem Rechteck, dessen Länge das Doppelte der Breite beträgt. Falten Sie die Wellpappe von beiden Seiten zur Mitte. Aus dem Mittelteil schneiden Sie ein Fensterkreuz aus der Pappe heraus. Dahinter befestigen Sie, wie zarte Gardinen, das Spitzendeckchen aus Papier. Der Geldschein sollte so plaziert werden, daß die abgebildete Person zum Fenster hinaussieht. Das Albumbild können Sie auf der Fensterbank arrangieren. Durch zwei parallele Schnitte in den Fensterläden fädeln Sie das Band ein. Verschließen Sie die Karte, indem Sie das Band zu einer Schleife binden.

Persönlichkeiten

Das besondere Geschenk
für alle, die genau hinschauen

Das wird gebraucht

Bilderrahmen
farbige Wellpappe oder farbiges Tonpapier
Geldschein

Schneiden Sie die Wellpappe oder das Tonpapier genau passend für die Bilderrahmen zu. Aus diesem Zuschnitt fertigen Sie ein Passepartout, indem Sie ein „Fenster" für die auf dem Geldschein abgebildete Person herausschneiden. Befestigen Sie den Geldschein auf der Rückseite des Passepartouts mit Kreppband.

Tendenz steigend

Eine Überraschung für alle, die nicht mehr an den Aufschwung glauben

Das wird gebraucht

buntes Seidenpapier
Schaschlikspieße aus Holz
dünner Metalldraht
Schnur
Bast
Farbstifte
Geldscheine

Bauen Sie aus den Schaschlikspießen ein Drachenkreuz, das Sie mit Draht stabilisieren. Umkleben Sie das Kreuz mit Seidenpapier, so daß ein klassischer Drachen im Kleinformat entsteht. Mit Farbstiften können Sie ihm ein fröhliches Gesicht aufmalen. An den Seiten wird der Drachen noch mit zwei Schleifen aus Seidenpapier oder Bast geschmückt. Der Drachenschwanz besteht aus einer Schnur, an die Sie einzelne zusammengefaltete Geldscheine knoten.

Wachsende Zinsen

Das ideale Gewächs für Menschen mit grünem Daumen

Arrangieren Sie Steine, Baumrinde und Federn im Blumentopf. Die Geldscheine werden zusammengerollt und in die Lockenwickler gesteckt. Dann pflanzen Sie diese Gewächse in den Zins-Garten ein.

Das wird gebraucht

Blumentopf mit Erde oder Topfpflanze
Steine, Baumrinde, Federn
Lockenwickler (möglichst in Grün)
Geldscheine

Mehrzweckorden

Eine individuelle Würdigung außergewöhnlicher Leistungen

Diese „Verpackung“ liefert Ihnen Anregungen für maßgeschneiderte Geschenke zu ganz unterschiedlichen Anlässen. Da die Orden um den Hals getragen werden, knüpfen Sie die Bestandteile einfach mit dünnem Metalldraht aneinander. Dann hängen Sie sie an ein Band. Hier sind einige Beispiele wiedergegeben. Sicherlich werden Sie viele weitere Anlässe für Mehrzweckorden finden und erfinden.

Das wird gebraucht

Hosenbandorden
Hosenträgerclip
Backförmchen
dünner Metalldraht
Geldschein

Rosenbandorden
Efeublatt
Pfeifenputzer
Feder
Band
Geldschein

Verspielter Orden
Feder
Zwiebelnetz
Luftballon
dicke Wachsmalkreide
Band
Münzen

Festtagsorden
Goldtaler
Modeschmuck
Borte
vergoldeter Tannenzapfen
Band
Geldschein

Jubiläumsorden
Kugelteesieb
Sanitärkette
Glitzergirlande
silberne Prägeziffer
Geldschein oder Münzgeld

DEUTSCHE MARK
50

Spielgeld

Ein Zeitvertreib für alle, die ihr Geld spielen lassen wollen

Das wird gebraucht

möglichst quadratische Holzkiste, z. B. Zigarrenkiste
Tonpapier
transparente Folie
Filzstift
Münzen

Diese Präsentationsidee ist eine Kombination von Geldgeschenk und Mühlespiel, bei der Sie es der beschenkten Person überlassen, ob das „Spielgeld" ausgegeben oder zum Spielen verwendet wird. Übertragen Sie ein klassisches Mühlespiel mit Filzstift auf Tonpapier und kleben Sie es mit der Folie auf den Deckel der Kiste. Die für das Spielen benötigten Münzen können Sie liebevoll nach Material und Größe zusammenstellen.

Tresor

Das richtige Geschenk für alle, die gern auf Nummer Sicher gehen

Das wird gebraucht

Drahtgewebe
Schrauben, Länge 20 mm
passende Flügel- oder Sechskantmuttern
Metallkette
Sicherheitsnadeln
zum Anlaß passende Dekoration
Geldschein oder Scheck

Knicken Sie aus dem Metallgewebe eine Mappe, die etwas größer ist als Ihr Geldschein oder Scheck. Schlagen Sie dazu das Gitter auf allen Seiten um, damit die Kanten entschärft werden. Drücken Sie nun das Metallgewebe mit einem Kugelschreiber auseinander, um die Schrauben hindurchstecken zu können. Legen Sie das Geldgeschenk und die Dekoration in den Tresor. Schließen Sie nun die Verpackung mit den Muttern und sichern Sie sie, indem Sie eine Kette mehrfach darum herumwickeln und mit Sicherheitsnadeln feststecken.

Hüter des Schatzes

Abenteuerprämie für diejenigen, die sich trauen

Das wird gebraucht

Karton
grüne Farbe
Pinsel
Alleskleber
Kulleraugen aus dem Bastelgeschäft
etwas Gras
dünner Metalldraht
Mais- oder ähnliche Blätter
Geldscheine

Schneiden Sie den Karton nach dem beiliegenden Schnittmuster zu und falten Sie ihn so, daß das Maul des Krokodils entsteht. Kleben Sie die Kanten mit Alleskleber zusammen. Das Pappstück für die Augen wird separat ausgeschnitten und am hinteren Ende befestigt. Bevor Sie weiterarbeiten, malen Sie alles mit grüner Farbe an. Die spitzen weißen Zähne des Ungeheuers schneiden Sie aus dem weißen Karton aus. Kleben Sie sie in die untere Hälfte des Maules. Dann bringen Sie die Kulleraugen mit Klebstoff an. Die Geldscheine werden gerollt, in Maisblätter eingewickelt, mit Draht zusammengehalten und zusammen mit etwas Gras lässig im Maul verstaut. Und jetzt gilt: Wer sich traut, dem Hüter des Schatzes ins Maul zu fassen, hat gewonnen!

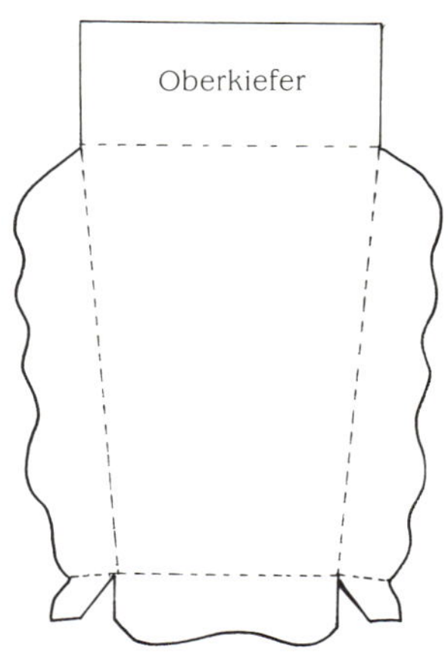

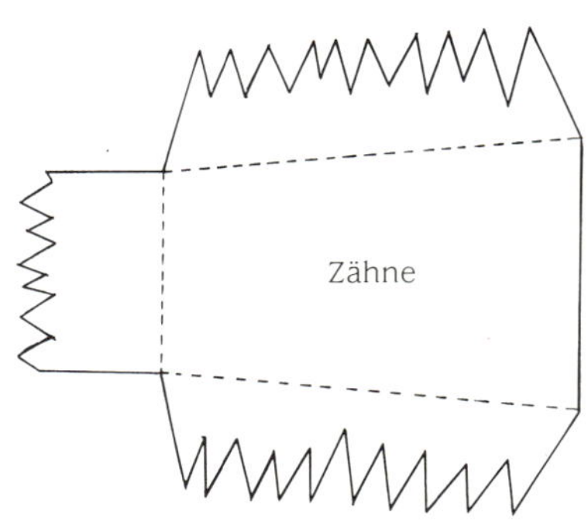

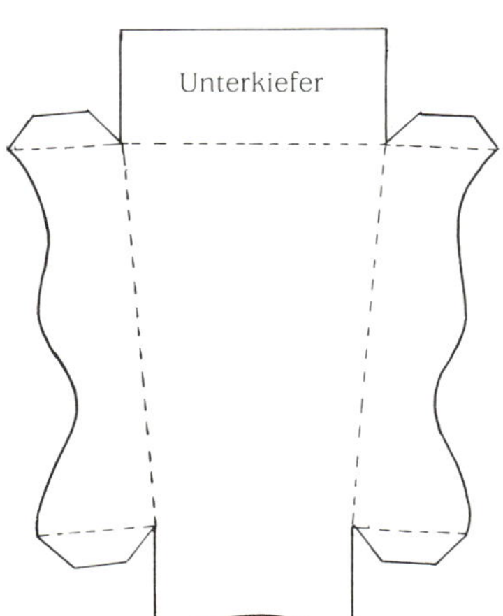

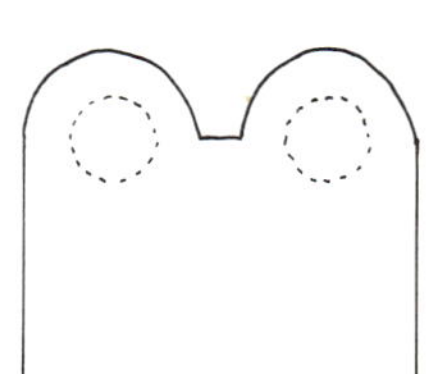

Originalbreite
8,5 cm

FÜNF DEUTSCHE MARK
1785–1859

Fahrt ins Blaue

Ein Zuschuß für diejenigen, die ein blaues Wunder verdienen

Das wird gebraucht

alte Landkarte
Schaschlikspieß aus Holz
Geldschein

Falten Sie aus der Landkarte auf altbewährte Weise ein Schiffchen. Sollte eine Landkarte schwer aufzutreiben sein, können Sie auch eine ausländische Zeitung, einen Dienstplan oder einfach blaues Papier verwenden. Bohren Sie den Holzspieß durch das Schiffchen, um das Segel zu hissen. Dazu befestigen Sie den Geldschein vorsichtig mit einem kleinen Stück Kreppband oben am Mast.

Survival-Set

Die wirkungsvolle Unterstützung für die letzten echten Abenteurer

Das wird gebraucht

Büroklammer
Geldscheine von gleicher Größe
Schnur
Federn

Dieses Geldgeschenk ist klein, handlich und in der entsprechenden Situation lebensrettend. Bündeln Sie die Geldscheine und klammern Sie sie zusammen. Nun umwinden Sie die Klammer mit Schnur und dekorieren Sie das Bündel mit Federn.

Besonders eindrucksvoll ist eine Präsentation dieses Geschenkes mit den passenden Accessoires wie Tropenhelm, Kompaß und Landkarte.

Auf der Waagschale

Ein Kompliment für alle, die nicht mit Geld aufzuwiegen sind

Legen Sie das Foto auf die eine Waagschale und den zusammengefalteten Geldschein auf die andere. Dekorieren Sie die Waage mit weiteren goldenen Zutaten.

Das wird gebraucht

Schalenwaage mit Gewichten
Foto der beschenkten Person
Schokolade-Goldbarren
Geldschein oder Münzen

Das Geld liegt auf der Straße

Die Sensation für alle, die noch an Märchen glauben

Das wird gebraucht

Straße für eine Modelleisenbahnanlage
Pappe (etwa 100 cm lang und 30 cm breit) oder Holzbrett
Modellautos oder Fahrzeuge für den Straßenbau
Bäume für Modellbahnanlagen oder Isländisch Moos
Figuren oder Tiere
Geldscheine

Die Grundfläche für dieses witzige Szenario bildet die Pappe oder auch ein Holzbrett. Darauf befestigen Sie die selbstklebende Straße und stellen in Miniatur eine märchenhafte Alltagssituation dar: Autos fahren die Straße entlang, Passanten laufen auf dem Gehweg, und das Geld liegt tatsächlich auf der Straße und muß nur aufgehoben werden.

Der zündende Funke

Die Rettung für Situationen, in denen die Initialzündung fehlt

Das wird gebraucht

Spirituslampe
Ketten
Girlanden
Schlüssel
Knöpfe
Geldschein

Umwinden und dekorieren Sie die Lampe mit allerlei silbrig glänzenden Gegenständen. Als „Docht" klemmen Sie einen sehr schmal gefalteten Geldschein in die Lampe.

Last Minute

Soforthilfe in brenzligen Situationen

Das wird gebraucht

Feuerwehrauto
Pfeifenputzer in verschiedenen Farben
Geldscheine

Rollen Sie die Geldscheine zu kleinen Röllchen. Mit den Pfeifenputzern befestigen Sie sie an der Leiter des Feuerwehrautos.

Die Deutsche Bibliothek
– CIP-Einheitsaufnahme
Ahrens, Dagmar: Geldgeschenke mit Witz und Fantasie aus Materialien, die jeder zu Hause hat / Dagmar Ahrens.
– Augsburg : Augustus-Verl., 1997
ISBN 3-8043-0385-4
NE: HST

Fotografie: Klaus Lipa, Augsburg
Lektorat: Günter Wiegand, Wiesbaden
Umschlaggestaltung: Christa Manner, München

Layout: Anton Walter, Gundelfingen

Augustus Verlag Augsburg 1997

Satz: Gesetzt aus 10 Punkt Usherwood Book in QuarkXPress von DTP-Design Walter, Gundelfingen
Reproduktion: Repro Ludwig, A-Zell am See
Druck und Bindung: Appl, Wemding

Gedruckt auf 120 g umweltfreundlich elementar chlorfrei gebleichtes Papier.

ISBN 3-8043-0385-4

Printed in Germany